KB196498

전태일

우리는 기계가 아니다!

전태일

김유 글 박건웅 그림

비룡소

“솔 사려! 방 빗자루요!”

“쓰레받기랑 삼발이도 있어요!”

뙤약볕 아래에서 어린 두 형제가 외쳤어요. 형 태일이는 커다란 나무 상자를 짊어진 채 동생 태삼이 손을 꼭 잡고 다녔어요. 태일이는 학교에 가는 대신 동대문 시장에서 물건들을 받아 와 거리에서 팔았어요. 아픈 어머니와 동생들을 챙겨야 했으니까요. 나무 상자만큼이나 태일이의 어깨도 무거웠지요.

“형, 나 배고파.”

“그래, 얼른 국수 사서 집에 가자.”

태일이가 동생을 달랬어요.

밥 먹는 날보다 굶는 날이 많았던 소년 태일이는
1948년 9월 28일 오늘날의 대구광역시 중구 동산동 311
번지에서 태어났어요. 찬 바람이 비집고 들어오는 허름
한 집에서 부모님은 끼니를 걱정해야 했어요.

　아버지는 옷 만드는 일을 했지만, 옷을 팔지 못하거
나 팔아도 돈을 받지 못할 때가 많았어요. 어머니는 약
한 몸을 이끌고 길에 나가 장사를 했지만, 하루 먹을거
리를 마련하기도 어려웠어요.

1954년, 태일이가 여섯 살이 되던 해였어요. 육이오 전쟁이 끝난 지 얼마 안 된 때라 땅을 잃거나 집을 잃은 사람이 많았어요. 사람들은 살길을 찾아 대도시 서울로 몰려들었어요.

"여기에서는 희망이 안 보이니 우리도 서울로 갑시다. 기술이 있으니까 일자리는 구하겠지."

아버지의 말에 어머니는 자식들을 위해 서울행을 결심했어요. 태일이 아래로 동생 태삼이와 순옥이가 있었지요.

태일이네 가족은 서울역 근처에 있는 염천교 아래에
짐을 풀었어요. 가진 것 없고 오갈 데 없는 사람들이 모
여드는 곳이었어요.
아버지는 일거리를 찾아다니며 돈을 벌었어요. 어머
니는 팥죽이나 비빔밥, 찹쌀떡 등을 팔았어요.

두 해 동안 열심히 번 돈으로 부모님은 천막집 한 채와 재봉틀 한 대를 샀어요. 아버지가 옷 만드는 일을 다시 하자 형편이 나아졌어요.

"우리 태일이도 이제 학교에 갈 수 있겠구나."

"어머니, 정말이죠?"

의젓한 태일이지만 기쁨을 감출 수 없었어요. 태일이는 뒤늦게 남대문 초등 공민학교(초등학교에 가지 못한 사람들을 가르치던 교육 기관)에 다녔어요.

이야! 나도 학교에 간다!

안타깝게도 평화로운 날들은 오래가지 못했어요. 아
버지에게 일을 소개한 사람이 중간에서 옷값을 가로채
어 도망친 거예요.

빚쟁이들이 들이닥치면서 가게와 재봉틀, 집까지 팔
아야 했어요. 아버지는 날마다 술을 마셨고, 어머니는
충격으로 몸져누웠어요.

그즈음 막냇동생 순덕이가 태어나 가족은 여섯이 되
었어요. 식구가 늘었는데 돈을 버는 사람이 없으니 형
편은 더 어려워졌어요.

태일이는 몇 끼를 굶으며 학교에 다녔어요. 하루는 집으로 가던 길에 신문팔이 소년을 보았어요.

'다른 아이들도 하는 걸 나라고 못하겠어? 동생들을 위해서라도 돈을 벌어야 해.'

다음 날부터 태일이는 수업이 끝나면 거리로 나가 신문을 팔았어요.

"신문이오, 신문!"

숨이 차고 다리가 후들거려도 멈추지 않았어요. 굶주린 가족들 얼굴이 아른거렸으니까요. 고된 날들이 이어지자 학교에 못 가는 일이 잦아졌고, 결국 학교를 그만둬야 했어요.

서울 생활에 지친 태일이네 가족은 친척들이 있는 대구로 돌아갔어요. 작은아버지가 재봉틀을 마련해 준 덕분에 아버지는 마음을 잡고 일했어요.

태일이도 아버지 곁에서 힘껏 일을 도왔어요. 다행히 아버지는 술을 끊었고 어머니는 건강을 되찾았어요.

그 무렵, 태일이에게 꿈같은 일이 생겼어요.

"큰아버지가 그러시는데 태일이 네가 갈 만한 학교가 근처에 있다는구나."

큰집에 다녀온 어머니가 숨 가쁘게 말했어요.

"학교요? 정말 학교에 갈 수 있는 거예요?"

태일이는 날아갈 듯이 기뻤어요.

1963년 5월, 드디어 태일이는 청옥 고등 공민학교에 입학했어요.

고등 공민학교는 중학교에 가지 못한 아이들을 위한 학교였어요. 태일이가 다닌 청옥 고등 공민학교는 낮에 일하는 아이들이 많아서 저녁에 수업을 했어요.

태일이는 4학년까지만 다닌 데다, 이미 새 학기가 훌쩍 지난 뒤라 진도를 따라가는 게 버거웠어요. 하지만 매시간이 소중해서 수업이 끝나는 게 아쉬웠어요.

태일이는 쉴 틈 없이 하루를 보냈어요. 아침 여섯 시에 일어나 친구들과 운동을 하고, 아침밥을 먹은 뒤에는 학교에 가기 전까지 아버지의 재봉 일을 도왔어요.

일을 하면서도 벽에 써 붙인 영어 단어를 외웠어요. 뜨거운 다리미가 손끝에 닿는 줄도 모르고 외우다 깜짝 놀라곤 했어요.

말도 재미있게 하고 친구들 사이에서 인기가 많은 태일이는 반장이 되었어요.

체육 대회 때는 학교 대표로 마라톤 시합에 나갔어요. 시합장에는 박수와 함성이 퍼졌고, 태일이는 선수들 가운데 단연 으뜸이었어요.

'아, 나도 살아 있는 사람이구나.'

태어나서 처음 느끼는 행복이었어요. 다른 학교 선수들까지 모두 둘러앉아 밥을 먹으며 이야기 나눌 때는 가슴이 뭉클했어요.

'나한테 이런 날이 오다니……. 하지만 지금도 누군가는 굶주린 배를 움켜쥐고 있을 거야. 그래, 열심히 공부해서 나보다 더 어려운 사람들을 도우며 살자.'

태일이는 마음속으로 되뇌었어요.

꽁꽁 얼어붙은 겨울이 왔어요. 어느 날 아버지가 태일이를 불렀어요.

"학교를 그만두거라. 온 가족이 달라붙어 일해도 먹고살기 힘든 세상이다."

날벼락 같은 말이었어요.

"또 학교를 그만두면 언제 다시 다닐지 몰라요."

"네가 공부한다고 성공할 것 같아? 출세도 돈이 있어야 하는 거야!"

태일이는 아버지 이야기가 틀렸다고 생각했어요. 가난에서 벗어나고 사람답게 살려면 공부를 해야 한다고 믿었어요.

하지만 아버지는 태일이의 마음을 알아주지 않았어요. 태일이는 학교에 가지 못하고 집에서 재봉 일만 해야 했어요.

해가 바뀌어 태일이는 열여섯 살이 되었어요. 아버지 일이 뜻대로 풀리지 않아 집안 형편은 조금도 나아지지 않았어요.

"태일아, 돈 버는 대로 보내 줄 테니까 동생들 잘 돌보고 있으렴."

어머니는 일자리를 찾아 서울로 떠났어요.

"오빠, 엄마한테 데려다줘."

막내 순덕이는 계속 울며 보챘어요.

태일이도 어머니가 너무나 보고 싶었어요. 태일이는 순덕이를 데리고 무작정 집을 나섰어요.

막상 서울에 왔지만 어디에서 어머니를 찾을지 막막
했어요. 돈이 떨어져 당장 일부터 해야 했어요.

'어린 동생을 굶길 수는 없어.'

태일이는 살을 에는 듯한 추위 속에서 순덕이를 업
고 신문을 팔았어요. 하지만 온종일 뛰어다녀도 제때
밥 한 끼를 먹지 못했어요. 밤 열한 시가 되어서야 순덕
이에게 수제비를 사 먹였어요. 시장 구석에 짚을 깔고
순덕이를 안은 채 밤을 보냈어요.

길바닥 생활이 이어지면서 순덕이가 시름시름 앓았어요.

'나는 어떻게 되더라도 순덕이만은 무사해야 해.'

태일이는 고민 끝에 순덕이를 보육원에 맡기기로 했어요.

"순덕아, 거기 가면 밥도 주고 잠도 따뜻하게 잘 수 있대. 오빠가 엄마 찾아서 갈 테니까 울지 말고 기다려야 해, 알았지?"

태일이가 눈물을 참으며 말했어요. 어쩐 일인지 순덕이는 보채지도 않고 고개를 끄덕였어요.

어머니….

그렇게 순덕이를 보내고 태일이는 밤마다 몸부림쳤어요. 동생을 버린 것 같아 괴로웠어요.

'얼른 순덕이를 찾아오고 어머니도 만나야 해. 태삼이랑 순옥이도 데려와서 보살펴야 하잖아.'

태일이는 흐트러진 마음을 다잡았어요.

그러던 어느 날, 그토록 보고 싶던 어머니 소식을 듣게 되었어요. 어머니는 요릿집에서 일을 하고 있었어요. 태일이는 곧장 어머니를 만나러 갔어요. 둘은 마주 보며 말없이 눈물만 흘렸어요.

아아, 태일아….

긴 겨울이 가고 봄이 왔어요. 태일이는 날마다 구두
통을 메고 거리로 나갔어요. 종로에 있는 평화 시장을
지날 때였어요. 학생 옷을 만드는 공장 앞에 종이가 붙
어 있었어요.

시다 구함

'시다'란 일본어 '시타바타라키'를 줄인 말인데, 공
장에서 잡일을 하며 기술을 배우는 사람을 뜻했어요.
　태일이는 종이를 한참 들여다보았어요. 공장에 취직
을 하면 떠돌며 일하지 않아도 되고 매달 월급을 받을
수 있었어요. 게다가 기술도 배울 수 있었지요.

다음 날 태일이는 헌 옷을 깔끔하게 기워 입고 평화
시장으로 갔어요.

"시다로 일하고 싶습니다."

"이런 일을 해 봤니?"

"아버지 재봉 일을 도와드렸습니다."

"그래? 그럼 바로 출근하거라."

사장이 흔쾌히 대답했어요.

이곳에서
일하고 싶습니다.

하루에 열네 시간을 일하며 월급으로 천오백 원을 받기로 했어요. 하루 오십 원을 받는 셈이었는데, 당시 커피 한 잔 값과 같았어요.

'빨리 기술을 배워서 월급도 많이 받고 가족들이랑 다 함께 살아야지. 공부해서 대학도 갈 거야.'

구두닦이 때보다 가난하고 힘든 날들이 이어졌지만 태일이는 꿋꿋하게 버텼어요. 곧 재봉틀 기술자를 돕는 '미싱 보조'가 되었고, 월급도 삼천 원으로 올려 받았어요.

태일이와 어머니는 이를 악물고 일해 판잣집을 마련
했어요.

대구에서 지내던 가족들이 서울로 올라오고, 보육원
에 있던 막내 순덕이도 데리고 왔어요. 드디어 온 가족
이 한집에 모여 살게 되었어요.

1966년 가을, 청년 전태일은 평화 시장 바지 공장의 미싱사가 되었어요.

평화 시장은 청계천 6가에서 서울 운동장(오늘날의 동대문 디자인 플라자) 쪽으로 뻗은 삼 층짜리 건물이었어요. 청계천 주변을 공사하면서 다닥다닥 늘어서 있던 판잣집들이 없어지고, 그 자리에 봉제 공장들이 들어섰어요.

공장에서 각종 옷들을 만들면 전국의 상인이 몰려와 한꺼번에 사 갔어요. 날이 갈수록 평화 시장은 거대한 사업장이 되었고, 사장들은 집도 사고 땅도 살 만큼 부자가 되었어요.

번지르르한 겉과 달리 평화
시장 속은 처참했어요. 건물 안
에 빽빽이 들어찬 공장들은 닭장과
같았어요.

공장마다 작업 공간을 쪼개 다락을 만들었어요. 낮
고 좁은 곳에서 수십 명이 앉아 일해야 했어요.

옷감에서 나온 먼지들은 머리에 눈처럼 내려앉았어
요. 열고 닫을 창문도 없었고 햇빛도 볼 수 없었어요.

"허리라도 펴고 일할 수 있으면 좋겠어."

"후유, 숨이 막힐 것 같아."

사람들은 작업장에 틀어박혀 일만 했어요. 쉬는 날
은 한 달에 고작 이틀뿐이었어요.

평화 시장에서 일하는 사람들 가운데는 어린 소녀가 많았어요. 돈을 벌어야 하는 형편이라 중학교에 가지 못하고 평화 시장으로 온 거였어요.

소녀들은 이름 대신 시다로 불리며, 새벽부터 밤까지 다리미질을 하고 실밥을 뜯었어요. 밤새 일할 때면 저절로 눈이 감겼어요.

졸지 말고 일하라며 사장들은 잠이 오지 않는 약을 주었어요. 그런데도 쥐꼬리만 한 월급을 제날짜에 못 받거나 아예 못 받을 때가 많았어요.

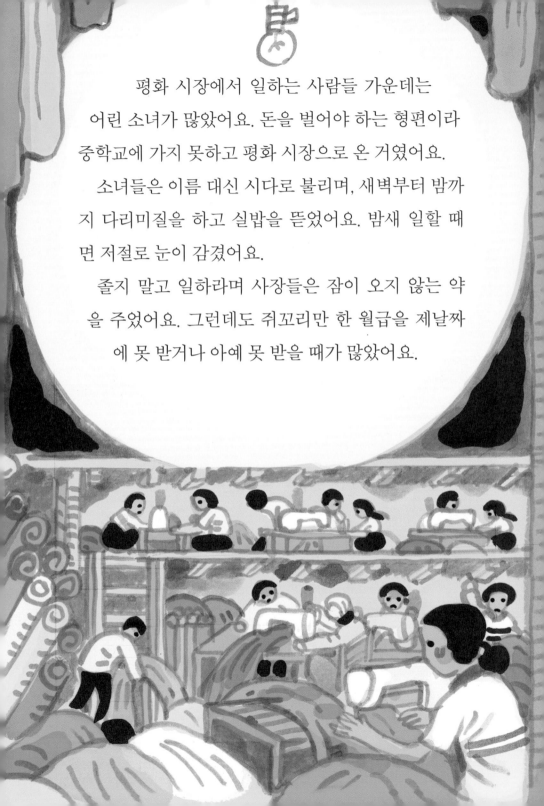

전태일은 동생 같은 소녀들을
보며 다짐했어요.
'내가 얼른 재단사가 되어서 도와주자.'
재단사는 옷감을 크기와 모양에 맞게 자르는 일을
하는데, 공장 안에서 관리자 역할도 했어요. 잘못된 일
들을 사장에게 건의할 수 있었지요.
전태일은 잠바 공장의 재단 보조로 옮겨 갔어요.
미싱사로 일할 때보다 월급이 반도 안 되었지
만, 재단사가 되기 위해서는 먼저 재단
보조로 일해야 했어요.

"내가 치울 테니까 쉬고 있어."

전태일은 틈틈이 소녀들 일을 덜어 주려 애썼어요.

"오빠도 일 많은데…… 고마워요."

"우리 걱정해 주는 사람은 오빠밖에 없어요."

소녀들은 전태일을 가족처럼 생각하며 의지했어요.

전태일은 점심을 굶고 꾸벅꾸벅 조는 소녀들을 보면
그냥 지나치지 않았어요.

"빈속으로 일하면 못써. 풀빵이라도 좀 먹어."

풀빵을 사 주느라 버스 값을 쓴 날은 두 시간 넘게 집
까지 걸어가야 했어요.

이듬해 전태일은 바라던 대로 재단사가 되었어요.

하지만 나아지는 것은 전혀 없었어요. 오히려 사장은 일을 더 시켰고, 소녀들을 보살피는 것마저 못마땅해했어요.

하루는 시다로 있던 어린 소녀가 일을 하다 말고 머뭇거렸어요. 전태일이 바라보자 소녀는 와락 울음을 터뜨렸어요.

"재단사요, 나 아무래도 바보가 되려나 봐요. 사흘 밤이나 잠 안 오는 주사를 맞고 일했더니, 눈이 잘 보이지도 않고 손이 마음대로 펴지지가 않아요."

전태일은 소녀를 다독이며 조용히 데리고 나갔어요. 혹시라도 병이 난 것을 사장이 알면 당장 소녀를 내쫓을 테니까요. 약을 사 주는 것 말고는 소녀에게 해 줄 수 있는 게 없었어요. 가슴이 먹먹하고 괴로웠어요.

며칠 뒤에는 미싱사 한 명이 계속 기침을 하더니 재봉틀 위에 새빨간 핏덩이를 토했어요.
전태일은 미싱사를 급히 병원으로 데려갔어요.
"폐병 3기입니다. 치료가 쉽지 않아요."
의사가 안타까운 표정으로 말했어요.
그 일이 알려지고 미싱사는 공장에서 쫓겨났어요.

전태일은 큰 충격을 받았어요.

'온종일 배를 곯으며 허리가 꺾이도록 일했는데, 남은 건 병든 몸과 마음이라니……. 왜 아무런 잘못도 없는 사람들이 이런 고통을 받아야 하는 거지? 도대체 왜?'

일기장에 수많은 물음표를 찍으며 울부짖었어요.

어느 날 사장이 전태일을 불러 세웠어요.

"재단사가 뭐 하러 시다들 일까지 하나? 자꾸 도와준 답시고 나서는데, 제멋대로 구는 재단사는 나도 필요 없네!"

이렇게 내쫓기는 것쯤은 전태일에게 아무것도 아니었어요. 사람에 대한 조금의 정도 없는 잔인한 세상이 끔찍할 뿐이었지요.

'죽어 가는 소녀들을 살려야 해. 내 힘으로 세상을 바꾸어 보자!'

전태일은 단단히 마음먹었어요.

아버지는 아들이 험난한 일에 뛰어드는 것을 막고
싶었어요. 젊은 시절 공장에서 일하며, 더 나은 근로 환
경을 만들기 위해 노동 운동을 했지만 실패하고 말았
거든요.

"태일아, 딴생각 말고 기술이나 열심히 배워라."

"이제 당하고만 있을 수 없어요."

"근로 기준법도 소용이 없는데 뭘 어쩌겠단 말이냐."

"근로 기준법요? 그게 무슨 법이에요?"

"회사나 공장에서 일할 때 하루에 얼마만큼을 일하
는지, 쉬는 날은 언제인지 법으로 정해져 있단다."

전태일은 어두운 동굴 속에서 빛을 찾은 것만 같았어요. 곧바로 책을 구해 근로 기준법을 공부했어요.

온통 한자투성이 책이라 한 쪽을 읽는 것조차 쉽지 않았어요. 혼자 끙끙대다 이웃집 늦깎이 대학생 아저씨를 찾아가 묻곤 했어요.

달리는 버스 안에서도 틈만 나면 책을 펼쳤어요. 차가운 방바닥에서도 이불을 뒤집어쓰고 책장을 넘겼어요. 낮이든 밤이든 읽고 또 읽었어요. 어느새 책 모서리가 까맣게 닳았어요.

근로 기준법에 따르면, 쉬는 시간을 빼고 하루에 여덟 시간 일을 하며 누구나 일주일에 하루는 쉴 수 있었어요. 사장들이 법을 지키지 않으면 처벌을 당한다는 규정도 있었어요.

하루에 열네 시간 넘게 일하는 평화 시장 노동자들은 이런 법이 있는지조차 몰랐어요. 그저 사장이 마음대로 해도 되는 것인 줄 알고 쥐 죽은 듯 일만 하고 살았지요.

'우리도 사람답게 살 권리가 있어!'

전태일은 두 주먹을 불끈 쥐었어요.

스무 살이 된 전태일은 재단사들의 모임을 만들기로 했어요. 평화 시장 노동자 삼만 명을 대표하는 단체를 만들어 사장들과 맞설 작정이었어요.

평소 가까이 지내던 재단사들에게 근로 기준법을 설명하고 노동 운동이 왜 필요한지 이야기했어요. 가진 것 없고 힘없는 사람들이라도 뭉치면 큰 힘을 낼 수 있다고 설득했어요.

좋다! 우리는

열 명 남짓한 재단사들이 전태일과 함께했어요.

"모임 이름을 '바보회'로 정합시다. 우리는 지금껏 사람답게 살지 못하고 바보처럼 기계 취급을 받으며 살았습니다. 스스로 깨달아야 바보 신세를 면할 수 있습니다. 우리 바보답게 부딪쳐 봅시다!"

전태일이 외치자 박수가 터져 나왔어요.

"좋다, 우리는 바보다!"

전태일과 동료들은 가슴 깊이 눈물을 흘리며 소리쳤어요. 전태일은 만장일치로 바보회 회장이 되었어요.

바보회 모임은 전태일이 사는 판잣집에서 이루어졌어요. 한번 모이면 밤을 새워 다음 날 새벽까지 머리를 맞댔어요. 평화 시장의 노동자들이 어떤 조건과 환경에서 일을 하는지 조사하고, 노동청에 고발하자는 의견으로 모아졌어요. 그렇게 하면 사장들이 법을 지키게 될 거라고 생각했어요.

전태일과 동료들은 비밀리에 설문지를 돌렸어요. 하지만 이내 사장들에게 들키고 말았어요. 설문지를 빼앗긴 탓에 답변을 절반도 채 모으지 못했어요.

근로 감독관님, 저는….

그래도 전태일은 포기하지 않았어요. 답변 내용을 정리해 노동청 근로 감독관을 찾아갔어요. 근로 감독관은 각 공장에서 근로 기준법을 잘 지키는지 감독해야 하는 사람이었어요.

"저는 전태일이라고 합니다. 평화 시장 노동자들이 겪는 문제를 고발하러 왔습니다."

"알았으니까 서류 두고 가게."

근로 감독관은 듣는 둥 마는 둥 하며 전태일을 내쫓다시피 했어요. 그 뒤 제대로 조사를 하지도 않았어요.

    엎친 데 덮친 격으로 평화 시장 어디에서도 전태일
에게 일을 주지 않았어요. 바보회를 만들고 노동 운동
을 하는 것이 사장들 눈에 거슬렸기 때문이에요.
    전태일은 생활비를 마련하려고 공사장을 떠돌았어
요. 그러면서도 마음은 늘 평화 시장에 있었어요.
    '나는 꼭 돌아가야 해. 불쌍한 내 형제의 곁으로, 내
마음의 고향으로, 평화 시장의 어린 동심 곁으로.'

전태일은 다시 일어서기로 했어요. 누군가 잘 먹고 잘살기 위해 누군가는 죽도록 일만 해야 하는 나라는 진정한 나라가 아니라고 생각했어요.

"아이고, 저기 태일이 아니야?"

"맞네! 머리를 빡빡 깎아서 몰라보겠어."

1970년 9월, 전태일은 평화 시장으로 돌아왔어요. 그사이 소문이 가라앉기도 했고 새로운 공장들도 생겼어요. 다행히 전태일은 재단사로 일하게 되었지요.

소식을 듣고 뿔뿔이 흩어졌던 바보회 동료들이 모였어요. 군대를 갔거나 연락이 끊긴 사람을 빼고 여섯 명이었어요. 여기에 여섯 명이 더해져 모두 열두 명이 되었어요.

이들은 '바보회' 이름을 '삼동 친목회(삼동회)'로 바꾸었어요. 평화 시장, 동화 시장, 통일 상가의 세 건물을 가리켜 '삼동'이라고 했는데, 이곳에서 일하는 사람들을 위해 더 적극적으로 싸우겠다는 의지였어요.

이번에도 사장들 몰래 설문지를 돌렸어요. 설문지 답변을 보면 평화 시장 노동자들이 얼마나 고되게 일하는지 낱낱이 알 수 있었어요.

전태일은 조사 내용을 정리해 노동청에 보내고 각 신문사에도 알렸어요. 그러자 기적 같은 일이 벌어졌어요. 《경향신문》에 「골방서 하루 16시간 노동」이라는 제목의 특집 기사로 평화 시장 이야기가 실린 거예요.

우리 이야기가
신문에 났어!
우리가 해낸 거야!

신문 기사에 따르면 평화 시장 노동자들은 하루 최고 열여섯 시간 일을 하고, 옷감 먼지가 가득 찬 비좁은 곳에서 일한 탓에 폐결핵과 신경성 위장병을 앓고 있었어요. 그런데도 사장들은 치료는커녕 건강 검진도 시켜 주지 않았어요.

"우리 이야기가 신문에 나오다니!"

"우리도 사람인가 보다!"

"우리 포기하지 말자!"

전태일과 동료들은 얼싸안으며 눈물지었어요. 그리고 가진 돈을 탈탈 털어 《경향신문》 삼백 부를 사서 평화 시장 곳곳에 돌렸어요.

전태일은 희망을 품었어요. 사장들이 모여 만든 '평화 시장 주식회사' 앞으로 건의서를 냈지요. 근로 기준법에 맞춰 작업 시간과 휴일을 정하고, 건강 검진을 받게 하고, 일한 만큼 정당한 급여를 주며, 사람이 일할수 있는 환경으로 바꾸라는 내용을 담았어요.

"알았으니까 그만들 해. 이걸 어떻게 다 들어주겠나? 환풍기는 달아 줄 테니 좀 기다려 보고."

사장들 말에 전태일은 어처구니가 없었어요. 더는 말하지 않고 뒤돌아 나왔어요.

다 들어줄 생각은 없네!

"우리의 힘을 보여 줘야 해. 시위를 하는 거야!"

전태일이 동료들을 바라보며 말했어요.

시위는 여러 사람이 모여 자신들의 뜻을 강하게 요구하는 것이었어요. 그동안 끝없이 외쳤지만 아무도 듣지 않으려 했고 아무것도 달라지지 않았어요. 시위는 전태일이 선택한 마지막 외침이었어요.

삼동회 동료들도 요구 조건이 받아들여질 때까지 굽히지 않고 싸우기로 했어요.

전태일과 동료들은 10월 20일에 노동청 앞에서 시위를 하기로 결정했어요. 그날은 국가에서 노동청이 일을 바르게 하는지 조사하는 날이었어요.

이 소식은 노동청까지 전해졌어요. 근로 감독관이 전태일을 찾아와 부탁했어요.

"무작정 일을 크게 벌이면 안 되지. 내가 사장들한테 강하게 말해서 요구 조건을 들어주라고 할 테니까 며칠만 참고 기다려 봐."

"그럼 믿고 기다리겠습니다. 반드시 약속을 지켜 주십시오."

전태일이 다짐을 놓았어요.

하지만 10월 20일이 지나자 근로 감독관은 태도를 싹 바꾸었어요.

"그 요구 조건이라는 게 들어주기가 어려운 것들이야. 그러지 말고 이제 노동 운동에서 손을 떼는 게 어떤가? 힘든 일 생기면 내가 도와줄 테니 말이야."

"감독관님, 왜 약속을 어기십니까?"

전태일이 소리 높여 물었어요.

"내가 그렇게 타일렀으면 알아들어야지! 어디 해 볼 테면 해 봐!"

근로 감독관이 벌컥 화를 냈어요.

전태일이 소식을 전하자 동료들도 분노했어요. 10월 24일로 다시 시위 날짜를 정하고 기자들에게도 연락했어요.

모든 것이 비밀스럽게 진행되었지만 시위는 시작도 하지 못했어요. 시위를 눈치챈 경비원들이 곤봉을 들고 사람들을 위협했거든요. 곳곳에 경찰들도 자리 잡고 있었어요.

"이러지 말고 11월 7일까지만 참고 기다려 주게."

경찰과 사장들은 또 한 번 전태일을 설득했어요.

그 뒤 약속한 날짜가 되었지만 아무것도 지켜지지 않았어요.

전태일은 이를 악물었어요.

"근로 기준법 화형식을 하자."

"불태우자고?"

동료들이 놀라 되물었어요.

"그래, 근로 기준법은 우리한테 있으나 마나 한 법이야. 휴지 조각이나 다름없는 이 책을 불태워 버리자."

마침내 전태일과 동료들은 11월 13일에 화형식을 하기로 뜻을 모았어요.

"이번만은 절대 물러서지 말자."

전태일이 힘주어 말했어요.

1970년 11월 13일, 아침부터 잿빛 구름이 하늘을 뒤덮었어요.

평화 시장 주변에 살벌한 기운이 감돌았어요. 경비원과 경찰들이 전보다 더 강하게 막아섰어요.

하지만 점심때가 되자 노동자 수백 명이 평화 시장 앞길로 떼 지어 나왔어요. 그동안 삼동회에서 열심히 뛰어다니며 노동자들에게 함께해 줄 것을 부탁한 덕분이었어요.

전태일과 동료들은 평화 시장 삼 층 복도에 모여 상황을 살폈어요. 시작을 알리듯, 전태일은 옷 속에 감추었던 현수막을 꺼냈어요. 현수막을 펼쳐 들고 계단을 내려가는데 경찰들이 들이닥쳤어요. 전태일이 안간힘을 쓰며 버텨도 소용없었어요. 경찰들은 무자비하게 현수막을 빼앗아 갔어요.

전태일의 얼굴빛이 몹시 어두워졌어요.

"너희 먼저 가서 기다려. 난 조금 이따 갈게."

동료들은 의아했지만 전태일의 말을 따랐어요.

그로부터 십여 분 뒤, 전태일이 근로 기준법 책을 가슴에 품고 나타났어요. 그리고 몇 발짝을 내딛었을 때, 전태일의 옷 위로 불길이 치솟았어요.

불길은 순식간에 전태일의 몸을 휘감았어요. 전태일은 불타는 몸으로 평화 시장 앞길까지 뛰어나왔어요.

"근로 기준법을 지켜라! 우리는 기계가 아니다! 일요일은 쉬게 하라!"

전태일은 구호를 외치다 자리에 쓰러졌어요. 스스로 몸에 휘발유를 끼얹고 불을 붙일 거라고는 누구도 예상하지 못했어요.

모두들 너무 놀라 어찌할 줄 몰랐어요. 삼동회 동료가 달려와 잠바로 불길을 덮었어요.

"내 죽음을 헛되이 말라!"

전태일이 비명처럼 부르짖었어요.

기자들이 몰려왔고, 온몸이 숯덩이처럼 그을린 전태일은 병원으로 옮겨졌어요. 삽시간에 평화시장이 들썩였어요.

삼동회 동료들은 빼앗긴 현수막 대신 손가락을 깨물어 피로 글씨를 썼어요.

"우리도 사람이다!"

수많은 노동자들이 울부짖으며 시위를 벌였어요.

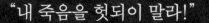

소식을 들은 어머니가 병원으로 달려왔어요.

"태일아!"

전태일은 온몸에 붕대를 감고 있었어요.

"어머니, 나는 이 세상 버림받은 목숨들, 불쌍한 노동자들을 위해 죽습니다. 내가 못다 이룬 일, 어머니가 꼭…… 이루어 주세요."

"아무 걱정 마라. 내 목숨이 붙어 있는 한 기필코 네 뜻을 이룰게."

전태일이 추운 듯 몸을 떨자 어머니가 치마를 벗어 덮어 주었어요.

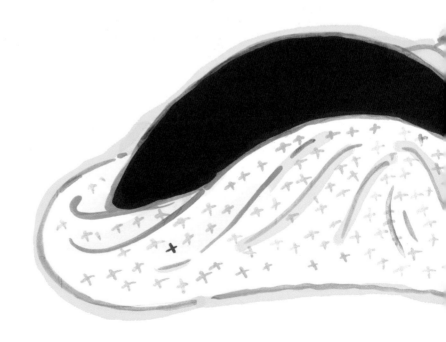

늦은 밤, 전태일은 숨을 헐떡이며 한마디를 간신히
내뱉었어요.

"배가 고프다……."

스물두 살 전태일은 이 마지막 말을 남기고 영원히
눈을 감았어요.

노동 운동을 하던 젊은이가 스스로를 불태워 죽자
평화 시장의 참혹한 이야기가 세상에 전해졌어요.
전태일의 죽음이 헛되지 않게, 노동자들이 침묵을
깨고 일어났어요. 세상이 조금씩 변하기 시작했어요.

어둡고 낮은 곳을 먼저 살피며 버림받은 이들에게 손 내밀던 전태일. 약한 자들 편에서 함께 울고 싸우던 아름다운 청년 전태일.

　그는 가난한 사람도 부자인 사람도 모두 평등하게 살기를 바랐어요. 어린 동심들이 상처받지 않고 노동자들이 사람다운 대접을 받기를 바라고 또 바랐어요.

　그리고 그 바람을 온몸을 불살라 보여 주었어요. 그렇기에 전태일은 우리 가슴속에 영원히 꺼지지 않는 불꽃으로 남아 있어요.

♣ 사진으로 보는 전태일 이야기 ♣

1950년 초, 전태일이 두 살 때 찍은 가족 사진이에요. 가운데가 전태일이고, 왼쪽 동생이 태삼이에요. 왼쪽부터 어머니, 큰아버지, 아버지예요.

1964년, 시다로 갓 취직했을 때 동료들과 함께한 모습이에요. 뒷줄 왼쪽에서 세 번째가 전태일이지요. 이때 그는 기술을 배울 수 있다는 희망으로 가득했어요.

1968년경, 재단사로 일할 때의 전태일이에요. 가운데가 전태일이고, 양옆으로는 공장에서 일하던 어린 소녀와 앳된 모습의 재단 보조가 보여요.

1969년, 전태일이 근로 감독관에게 쓴 편지예요. 평화 시장에서 일하는 소녀들의 이야기를 전하며, 근로 환경을 개선해 달라는 내용이 쓰여 있어요.

1970년 11월 18일, 전태일의 장례식이 치러졌어요. 큰 슬픔에 빠진 어머니 이소선 여사가 아들의 영정 사진을 안고 눈물을 흘리고 있어요.

서울 종로구 버들 다리는 일명 '전태일 다리'로 불려요. 전태일 동상이 세워져 있는 이곳에서는 노동자들이 자신의 권리를 요구하며 시위를 하곤 해요.

서울 종로구에 있는 전태일 기념관이에요. 전태일을 기념하는 이 공간에서 오늘날 다양한 노동 인권 교육이 이루어지고 있어요.

♣ 전태일에 대해 더 궁금한 것들 ♣

전태일이 살던 시절, 우리나라의 모습은 어땠나요?

전태일이 유년 시절을 보낸 1950년대는 육이오 전쟁으로 집과 도로, 공장 등이 망가져서 사람들이 큰 경제적 어려움에 빠져 있었어요. 정부는 망가진 시설을 고치고 공업을 발전시켜 경제를 살리려 애썼어요. 다른 나라의 도움을 받아 공장도 지었지요.

1960년대 들어 정부는 수출을 통해 경제를 발전시키려고 했어요. 기업의 세금을 낮춰 주는 등 여러 제도를 만들어 기업을 지원했지요. 당시 우리나라는 옷, 가발, 신발 등 경공업(비교적 가벼운 물건을 만드는 공업)에 집중했어요. 기술과 자본은 부족했지만 일을 하려는 노동자들은 넘쳐 났으니까요. 그러니 노동자들은 적은 돈을 받고 오랜 시간 일을 했고, 기업은 싼값에 물건을 만들어 수출할 수 있었어요. 우리나라가 이룬 눈부신 경제 발전은 이처럼 수많은 노동자들의 인내와 희생이 있었기에 가능했던 거예요.

전태일이 수많은 편지와 일기를 남겼다고요?

전태일은 1967년 2월경부터 1970년 3월까지, 총 7권에 달하는 일기를 썼어요. 일기장에는 어린 시절의 이야기, 친구에게 쓴 편지, 자신이 처한 환경에 대한 고민과 결단 등이 고스란히 담겨 있어요. 노동자를 인간답게 대우해 주는 모범 업체를 세우고자 했던 그의 계획까지 엿볼 수 있지요.

특히 전태일이 근로 감독관에게 쓴 편지는 오늘날에도 큰 울림을 줘요. 편지에는 "이런 순진하고 사랑스러운 동심들에게 사회라는 웅장한 무대는 가장 메마른 면과 가장 비참한 곳만을 보여 주고 있습니다. …… 이 모든 문제를 한시바삐 선처해 주시기 바랍니다."라는 내용이 적혀 있어요. 당시 전태일이 노동자들의 근로 환경을 개선하기 위해 얼마나 부단히 노력했는지 알 수 있어요.

전태일이 세상을 떠난 후 어떤 변화가 있었나요?

전태일의 죽음으로 우리 사회는 비로소 노동자들이 겪고 있는 고통에 관심을 기울이게 되었어요. 전국에서 노동자들이 일어났고, 언론과 종교 단체, 대학생들도 목소리를 높였어요. 전태일의 어머니 이소선 여사는 아들의 뜻을 이어받아 노동 운동에 뛰어들어 평생을 노동자의 편에 서서 함께 싸웠지요.

수많은 사람들의 노력으로 노동자의 권리와 지위가 점차 높아졌어요. '주 5일 근무제'가 도입되어 노동자는 월요일부터 금요일까지 일주일에 5일을 근무하고 주말에는 쉴 수 있게 되었어요. 법정 근로 시간도 주 40시간이 기본으로 자리 잡았지요. 하지만 오늘날에도 일터에서 목숨을 잃거나 부당한 일을 당하는 노동자들이 있어요. 더 나은 근로 환경을 만들기 위한 전태일의 노력은 민들레 홀씨처럼 멀리멀리 퍼져 나가 지금도 곳곳에서 이어지고 있어요.

함께 보면 쏙쏙 이해되는 역사

1954년
일거리를 찾아 온 가족이
서울로 상경함.
염천교 아래에 짐을 풀고
어렵게 생활을 이어감.

1948년
대구부(오늘날의
대구광역시)에서 태어남.

1945

1945년
8월 15일, 광복을 맞음.

1948년
대한민국 정부가 세워짐.

1950

1950년
6월 25일, 육이오 전쟁이 일어남.

1953년
휴전이 이루어짐.

1963년
청옥 고등 공민학교에
입학했으나 집안 사정으로 그해
겨울 학교를 그만둠.

1964년
어머니를 찾아 무작정 서울로
올라옴.
평화 시장에서 일을 시작함.

1965년
서울에서 다시 온 가족이 함께
살게 됨.

1966년
미싱사를 거쳐 재단 보조가 됨.
버스 값으로 소녀들에게 풀빵을
사 주고 자신은 집까지 걸어가는
등 온정을 베풂.

1963

1965

1963년
정부가 경제 발전을 목표로 '경제
개발 5개년 계획'을 세워 단계별로
추진함.

◆ 전태일의 생애
● 우리나라의 현대사

◆ **1956년**
남대문 초등 공민학교에
입학함.

◆ **1960년**
아버지의 사업 실패로 학교를
그만두고 신문팔이를 시작함.

1955

1960

● **1961년**
평화 시장이 세워짐.

◆ **1967년**
재단사로 일하던 중, 피를 토하고
죽은 직원의 사건에 충격을 받아
근로 조건 개선을 위해 앞장서기로
결심함.

◆ **1970년**
9월, 바보회를 삼동회로 재조직함.
10월, 《경향신문》을 통해 평화
시장 이야기를 알림. 시위를
벌이려 했으나 실패함.
11월, 근로 기준법을 불태우며
자신의 몸에 불을 붙임. 그날 밤
세상을 떠남.

◆ **1969년**
바보회를 만들어 평화 시장의
근로 조건 실태를 조사함.

1967

1970~

● **1968년**
서울과 부산을 잇는
경부 고속 도로 공사가
시작됨.

● **2005년**
청계천에 이른바 '전태일 다리'가
놓이고, 전태일 동상이 세워짐.

● **2020년**
국민훈장 무궁화장을 받음.

● 참고 도서

조영래, 『전태일평전』(아름다운전태일, 2020).

● 사진 제공

68쪽, 69쪽(위)_ ⓒ 전태일 재단.

69쪽(아래 왼쪽)_ ⓒ 연합 뉴스.

69쪽(아래 오른쪽)_ ⓒ 전태일 기념관.

글쓴이   김유

제17회 창비 좋은 어린이책 대상을 받았다. 바닷마을 작업실 메리옹유에서 글을
쓰고 있다. 「새싹 인물전」 시리즈 『이중섭』을 비롯해 그림책 『마음버스』, 『사자마트』,
『개욕탕』과 동화책 『내 이름은 구구 스니커즈』, 『겁보 만보』, 『무적 말숙』, 『백점
백곰』, 『안읽어 씨 가족과 책 요리점』, 『귀 큰 토끼의 고민 상담소』, 『가족이
있습니다』, 『지퍼백 아이』 등을 썼다.

그린이   박건웅

회화를 전공했으며 한국 근현대사의 숨겨진 이야기에 관심을 가지고 작업해 왔다.
『노근리 이야기』, 『짐승의 시간』, 『그해 봄』, 『황금동 사람들』과 같은 어른들을
위한 만화를 그렸고, 어린이를 위한 책으로 『생쥐의 손그림자 숲속 탐험』,
『광릉숲의 요정』, 『방긋 방게』, 『세월 1994-2014』 등에 그림을 그렸다. 2002년에
'대한민국만화대상' 신인상, 2011년에 '오늘의 우리만화상', 2014년에 '부천만화대상'
대상, 2024년에 '대한민국그림책상' 특별상(장관상)을 받았다.

새싹 인물전   **전대일**
071

1판 1쇄 찍음 2024년 10월 16일   1판 1쇄 펴냄 2024년 11월 13일

글쓴이 김유   그린이 박건웅
펴낸이 박상희   편집장 전지선   편집 송재형   디자인 곽민이
펴낸곳 **(주)비룡소**   출판등록 1994.3.17. (제16-849호)
주소 06027 서울시 강남구 도산대로1길 62 강남출판문화센터 4층
전화 02)515-2000   팩스 02)515-2007   홈페이지 www.bir.co.kr
제품명 어린이용 각양장 도서   제조자명 **(주)비룡소**   제조국명 대한민국   사용연령 3세 이상

ISBN 978-89-491-2951-8 74990
ISBN 978-89-491-2880-1 (세트)

「새싹 인물전」 시리즈

• 계속 출간됩니다.